Marguerite Bourgeoys

à Suzanne

1620~1700

Marguerite Bourgeoys

Henriette Major
Claude Lafortune

Texte: Henriette Major
Conception visuelle: Claude Lafortune
Photos: Jean-Pierre Beaudin
Calligraphie: Jean-Pierre Guilbert
Collaboration à la réalisation des
personnages et maquettes: Suzanne Côté,
Gaétane Gilbert, Gabrielle Lavigne.

Éditions Hurtubise HMH, Ltée
7360, boulevard Newman
Cité de LaSalle, Québec
H8N 1X2

ISBN 2-89045-554-8

dépôt légal/2ième trimestre 1983
Bibliothèque Nationale du Canada
Bibliothèque Nationale du Québec

Imprimé au Canada

Marguerite de Troyes

Dans la cour intérieure derrière le magasin, Marguerite a réuni quelques petites filles: ses soeurs Jeanne et Magdeleine ainsi que des petites voisines. Installées sur des bancs improvisés, elles jouent à l'école. Bien entendu, c'est Marguerite qui fait la classe. Répétez après moi: a, b, c, d... Les autres fillettes reconnaissent sans discuter le don de cette fille pour organiser et diriger leurs jeux. D'ailleurs elle est savante: elle va à l'école, elle sait lire et écrire, ce qui n'est pas le cas de toutes les filles de son âge.

Elle a aussi appris à coudre et à cuisiner: dans une famille de douze enfants, ce ne sont pas les occupations domestiques qui manquent! Son père, fabriquant de chandelles, est un marchand en vue de la ville de Troyes. La famille Bourgeoys occupe un logement au-dessus d'un magasin. Leur maison est située dans un quartier très animé de la ville, à deux pas de l'église de Saint-Jean-au-Marché. C'est dans cette église que Marguerite a été baptisée le jour même de sa naissance, le 17 avril 1620. Elle passe son enfance à parcourir ces rues aux pavés polis par le temps; elle fait souvent le marché avec sa mère, Guillemette; elle mène en promenade ses frères et soeurs plus jeunes; elle va faire ses dévotions à l'église voisine.

Marguerite a grandi. Elle est devenue une jeune fille sérieuse, ce qui ne l'empêche pas d'aimer les beaux tissus, les dentelles, les jolis bonnets qu'on fabrique dans son quartier. Un dimanche d'octobre de l'année 1640, parée de ses plus beaux atours, elle dit à ses parents:

— Je m'en vais à la procession du Rosaire.

Cette cérémonie organisée par les Pères Jacobins est très populaire: il y a foule ce jour-là.

Après avoir fait le tour de l'église, la procession sort dans la rue pour passer devant le beau portail de Notre-Dame-aux-Nonnains.

Marguerite est entraînée dans le défilé. Tout-à-coup, elle lève les yeux. La Vierge du portail, éclairée par un rayon de soleil, se trouve juste dans son champ de vision. Elle dira plus tard en se rappelant ce moment:

— En jetant la vue pour la regarder, je la trouvai très belle, et en même temps, je me trouvai si touchée et si changée que je ne me reconnaissais plus.

À partir de ce jour, Marguerite n'est plus la même. Elle renonce aux parures qu'elle aimait tant. Elle s'inscrit à la Congrégation externe, groupement de jeunes filles dont la principale occupation est d'aller faire l'école dans les quartiers pauvres de la ville.

Une rencontre historique

La Congrégation externe à laquelle appartient Marguerite Bourgeoys est rattachée à une communauté de femmes, les soeurs de la Congrégation Notre-Dame-Chanoinesses de Saint-Augustin. Ces religieuses se sont engagées à ne jamais quitter leur couvent. À cette époque, les gens qui entraient au couvent menaient une vie très spéciale, confinée à l'intérieur des murs de leur institution. Mais la société était en train de changer; aussi, avait-on senti le besoin de former un groupe de jeunes filles qui pouvaient travailler hors du couvent. Elles circulent dans la ville se rendant utiles là où les besoins se font sentir.

Pendant plusieurs années, Marguerite va donc passer son temps à aider les gens dans le besoin et à enseigner aux enfants des quartiers pauvres. Son but est d'imiter la "vie voyagère de la Vierge Marie". Ce mot "voyagère" évoque l'idée de déplacement: alors que les religieuses du temps ne pouvaient sortir de leur couvent, des filles comme Marguerite Bourgeoys entreprennent une nouvelle forme d'action. Au lieu d'attendre que les gens viennent à elles, elles vont là où on a besoin de leurs services. Pour l'époque, ce genre d'engagement était révolutionnaire: il allait à l'encontre des rôles attribués jusque-là aux ordres religieux.

La directrice de la Congrégation externe à laquelle Marguerite est attachée, s'appelle Soeur Louise de Chomedey. De temps en temps, Soeur Louise de Chomedey parle à Marguerite d'un frère à elle installé aux colonies.

— J'ai un frère du nom de Paul de Chomedey, Sieur de Maisonneuve, dit-elle. J'aimerais beaucoup que vous le connaissiez un jour. Depuis 1641, il est parti de France pour fonder un établissement en Neuve-France. Avec un petit groupe, il s'est installé là-bas sur l'île de Montréal. La bourgade a été nommée Ville-Marie.

En 1653, alors que M. de Maisonneuve est en visite en France, Ville-Marie est en détresse. Certains groupes d'Indiens attaquent les colons sans répit. La majorité des habitants sont des hommes: on a un besoin urgent de femmes pour les assister et entreprendre des tâches pour lesquelles ils ne sont pas disponibles. Paul de Chomedey de Maisonneuve va visiter sa soeur à Troyes. Il lui fait part des nombreux problèmes de Ville-Marie. Soeur Louise décide de provoquer une rencontre entre Marguerite Bourgeoys et le Sieur de Maisonneuve.

La veille de cette rencontre, Marguerite fait un rêve:

— J'ai rêvé, dit-elle, à Saint-François d'Assise, accompagné d'un homme, habillé simplement...

Le lendemain lorsqu'on la met en présence de Paul de Chomedey de Maisonneuve, elle s'écrie:

— C'est lui le personnage de mon rêve!

M. de Maisonneuve fait part à Marguerite des besoins de la colonie. Marguerite lui confie son rêve d'aller travailler dans ce pays lointain.

M. de Maisonneuve ne lui cache pas les conditions pénibles qui attendent les colons à Ville-Marie: rigueur du climat, inconfort des installations, menaces constantes de la part des Indiens. Mais malgré tout, Marguerite est convaincue que sa place est à Ville-Marie, pour éduquer les enfants et évangéliser les Indiens.

Le voyage

Marguerite est décidée: elle ira en Nouvelle-France où l'on a besoin de gens dévoués et déterminés. Elle sent que là, elle pourra donner sa mesure. Ce projet est tellement surprenant et téméraire que lorsqu'elle en parle à sa famille, on croit qu'elle veut plaisanter.

Tout de même, en février 1653, Marguerite prend le coche pour se rendre de Troyes à Paris.

— Je partis de Troyes sans denier ni malle, avec un petit paquet que je pouvais porter sous mon bras, dira-t-elle.

Un coche, c'est une sorte de carosse tiré par des chevaux; dans cette voiture, les voyageurs étaient péniblement ballotés sur des chemins de terre mal entretenus. On mettait plusieurs jours et même des semaines pour parcourir des distances qu'on traverse aujourd'hui en quelques heures.

Enfin arrivée à Paris, Marguerite s'empresse d'aller chez un notaire.

— Je veux faire don de tous mes biens à mon frère et ma soeur, Pierre et Madeleine, déclara-t-elle.

On commence à se rendre compte que le projet de voyage en Nouvelle-France doit être pris au sérieux. Alors, ses parents et amis font tout pour la faire changer d'idée. Mais Marguerite tient bon: elle ira à Ville-Marie.

De Paris, elle se rend à Nantes, port de mer, d'où partent les bateaux pour la Nouvelle-France. Cette fois, elle voyage par coche d'eau, sur une rivière appelée la Loire.

Marguerite dût être quelque peu étonnée en constatant les conditions pénibles qui attendaient les voyageurs à bord de ces bateaux à voiles: espace restreint, nourriture minable, hygiène inexistante. Il faudrait passer de trois à douze semaines entassés à bord; le voyage serait plus ou moins long selon les vents plus ou moins favorables. En plus des dangers naturels: tempêtes, vents contraires, mal de mer, les passagers étaient exposés à bien d'autres misères, surtout si le voyage se prolongeait. La famine et les épidémies menaçaient en ce temps-là tous les voyageurs au long cours.

17

Après diverses aventures, dont un faux départ sur un bateau en mauvais état, la petite troupe navigue enfin vers la Nouvelle-France. On est à la fin du mois de juillet 1653.

Loin des côtes, alors que le navire n'a plus que le ciel et l'eau comme horizon, la maladie se déclare à bord. Le bateau devient un véritable hôpital flottant: Marguerite se transforme en infirmière. Malgré son dévouement, huit hommes mourront au cours du voyage.

Le bateau arrive à Québec le 22 septembre 1653 après deux mois en mer. La beauté sauvage du Cap Diamant avait de quoi impressionner les nouveaux arrivants. La pauvreté des installations avait par ailleurs de quoi les décourager. "Il n'y avait alors à la Haute-Ville que cinq ou six maisons... Tout était si pauvre que cela faisait pitié", écrira-t-elle plus tard. Mais les nouveaux venus sont accueillis à bras ouverts par les résidents pour qui l'arrivée d'un navire est un événement: enfin, on aura des nouvelles des vieux pays...

Dès le débarquement, Marguerite fait la connaissance de Jeanne Mance, l'infirmière de Ville-Marie, qui était venue attendre le bateau à Québec.

— Enfin, s'écrie Jeanne, j'aurai une compagne pour partager mes tâches! Ville-Marie vous attend.

La moitié de l'équipage et des passagers sont encore malades. Par crainte de la contagion, on cantonne les malades dans un bâtiment de la Basse-Ville de Québec. Marguerite continuera de les soigner.

En octobre, M. de Maisonneuve part pour Ville-Marie avec les colons en état de voyager. Marguerite ira les rejoindre en novembre, accompagnée des malades qu'elle a remis sur pieds.

L'installation à Ville-Marie

Après avoir remonté le fleuve, la petite troupe de M. de Maisonneuve arrivera en vue de l'île de Montréal le 16 novembre 1653. Il fait déjà très froid en cette fin d'automne: chacun rêve d'une maison douillette où se reposer des fatigues du voyage. Enfin, on aperçoit au loin la palissade du fort.

— Ça y est! s'écrie M. de Maisonneuve. Nous voici arrivés à Ville-Marie!

— C'est ça, Ville-Marie, murmure Marguerite le coeur un peu serré.

Le spectacle qui se présente aux yeux des colons n'est pas très réjouissant: une palissade de pieux encercle quelques maisons de bois rond. On a commencé à déboiser et à labourer autour de ce fort de fortune; quelques maisonnettes situées hors de l'enceinte ont été abandonnées à la suite des attaques des Iroquois défendant leur territoire.

Les nouveaux venus sont accueillis avec joie par la petite poignée de colons déjà installés; on a tellement besoin de bras dans cette bourgade où tout est à faire. On s'installe tant bien que mal: ceux qui ont déjà passé un hiver en Nouvelle-France préviennent les arrivants de ce qui les attend.

— Nous n'avons jamais connu autant de neige dans le vieux pays, disent-ils. Le froid d'ici ne peut être compris que par ceux qui le souffrent.

Mais Marguerite a d'autres soucis. Elle doit s'installer et se mettre au travail. Elle logera d'abord dans la maison du gouverneur. Elle servira de gouvernante aux soldats et aux colons, entretenant leur linge et leur apportant le réconfort d'un foyer. Elle est venue à Ville-Marie en tant qu'éducatrice, mais au moment de son installation, il n'y a pas encore d'enfants d'âge scolaire dans la bourgade. Très peu de couples sont installés. De plus, la vie en Nouvelle-France est tellement dure que les quelques enfants qui naissent, meurent presque tous en bas âge.

Peu après leur arrivée, M. de Maisonneuve veut faire visiter aux nouveaux venus l'endroit où il a érigé une croix sur le Mont-Royal en 1643. Par une belle journée froide mais ensoleillée, la petite troupe grimpe sur la colline, se faisant une fête de cette excursion. Marguerite est l'une des premières à déboucher sur le promontoire.

— Mais, il n'y a plus de croix! s'écrie-t-elle. Regardez l'endroit a été piétiné: on a brisé les montants de bois en plusieurs morceaux...

Il faut se rendre à l'évidence: les indigènes, pour qui ce symbole ne veut rien dire, ont abattu la croix. D'un commun accord, on décide de remplacer le monument.

Marguerite accepte de se charger du projet.

Elle s'entend aussitôt avec un menuisier, Gilbert Barbier surnommé Minime. En trois jours, la tâche est menée à bien: la croix veille de nouveau sur Ville-Marie.

Pendant les quatre années suivantes, Marguerite apporte aux femmes des colons une aide compétente. Une pauvre famille de colons, la famille Loisel, a une petite fille de quatre ans. Les parents, accablés de dures besognes, ont bien peu de temps pour s'en occuper.

Pour soulager la famille Loisel, Marguerite devient la seconde mère de la petite Jeanne. Elle trouve aussi le temps d'aider Jeanne-Mance à soigner les malades.

Ces activités domestiques ne l'empêchent pas de participer à la vie et aux décisions de la petite société.

Montréal n'a pas encore d'église. Au printemps de 1657, c'est Marguerite qui entreprend la construction de la première église en pierre de Montréal, la chapelle Notre-Dame-de-BonSecours. En femme d'action, elle organise des équipes pour amasser des pierres et charrier du sable, pour établir les fondations de la chapelle. M. de Maisonneuve fait couper du bois pour la charpente. La nouvelle construction progresse peu à peu. Ville-Marie prend de plus en plus l'allure d'un village bien organisé.

L'étable-école

À travers ses nombreuses occupations, Marguerite ne perd pas de vue l'entreprise qui l'a amenée en Nouvelle-France: l'éducation et l'instruction des enfants de Ville-Marie. En 1658, quelques enfants avaient atteint l'âge scolaire.

Il est temps d'ouvrir une école, dit Marguerite à M. de Maisonneuve.

Le gouverneur est bien d'accord, mais il n'y a aucune maison disponible, et les hommes sont tous occupés au défrichage.

—Il y a bien une étable de pierre, dit-il; elle a servi de colombier et d'abri pour les bêtes à cornes mais...

—Nous allons installer l'école dans cette étable, déclare fermement Marguerite.

Le 22 janvier 1658, l'acte de cession de la bâtisse et des terrains qui l'entourent est signé par devant maître Bénigne Bosset, officier public, et devant plusieurs témoins. Le donateur est Paul de Chomedey de Maisonneuve, gouverneur de l'île.

Aussitôt, Marguerite se met à la tâche. Avec une compagne, Marguerite Picart, et quelques-uns des enfants, elle entreprend de nettoyer le bâtiment. Au bout de quelques jours, l'endroit commence à changer d'aspect. On a sorti la paille et le fumier, nettoyé les murs et les fenêtres. Marguerite a fait installer une cheminée. Les deux étages de l'étable sont complètement séparés: l'école occupera le rez-de-chaussée. À l'étage, Marguerite s'installera avec sa compagne. On accède à ce logis par une échelle extérieure; inutile de dire l'incommodité de cet arrangement, surtout durant les mois d'hiver. Mais Marguerite est rayonnante. Enfin, son rêve se réalise: elle devient la première éducatrice des enfants de Ville-Marie.

Le 30 avril 1658, l'école ouvre ses portes. Sur les banquettes rudimentaires, Marguerite installe ses premiers élèves: Jeanne Loisel et Jean Desroches. Durant les jours qui suivent, tous les enfants de la colonie en âge d'apprendre se présentent à tour de rôle: Marie Lucault, Léger Hébert, Charlotte Chauvin, Mathurin Juillet, François Xavier Prud'homme, Paul Tessier.

On peut imaginer cette école presque sans meubles, avec pour tout matériel quelques précieux livres, un peu de papier, de l'encre et deux ou trois plumes d'oie.

Avec ces articles rudimentaires Marguerite entreprend d'apprendre à lire et à écrire à ces enfants de colons qui, jusque-là, n'avaient connu que la rude école de la nature. Quand il fait froid, chaque enfant apporte une bûche pour entretenir le feu. Quand il fait beau, on s'installe dehors sur l'herbe, comme aujourd'hui dans les "classes vertes". Mais malgré l'inconfort des lieux, on apprend, et on s'émerveille d'apprendre. Pendant ce temps, des tout-petits grandissent un peu partout dans le village car les conditions de vie se sont améliorées à Ville-Marie. Bientôt, Marguerite prévoit qu'elle ne pourra plus suffire à la tâche.

Le premier voyage en France

Marguerite se rappelle qu'en la bonne ville de Troyes, elle avait quelques amies qui l'avaient beaucoup enviée de partir en Nouvelle-France. Elle décide de retourner au pays pour aller chercher ces compagnes.

— Justement, lui dit Jeanne Mance, moi qui me suis démis un bras, je cherche quelqu'un pour m'accompagner en France où je dois aller me faire soigner.

En octobre 1658, les deux femmes se rendent donc en barque à Québec d'où elles prendront le bateau pour traverser l'océan.

Arrivée au port de la Rochelle deux mois plus tard, au temps de Noël, Marguerite se dépêche de se rendre à Troyes, car elle veut revenir au plus tôt, si possible par la flotte du printemps. Elle a tout juste le temps de faire les démarches nécessaires pour recruter des aides. Elle retrouve dans sa ville natale son ancienne amie Catherine Crolo qui ne demande pas mieux que de partir. Deux autres compagnes de Marguerite, Marie Raisin et Edmée Chatel veulent aussi être du voyage mais leur famille n'est pas d'accord. Il faut dire que Marguerite ne promettait pas la fortune à ses recrues: lorsque les parents inquiets lui demandaient comment leur fille allait survivre, Marguerite répondait simplement:

— Nous travaillerons de nos mains. Je m'engage à fournir tous les jours à vos filles du pain et du potage...

Malgré qu'elle ne leur cache pas la vie austère qui les attend, les trois amies de Marguerite tiennent à se lancer dans cette aventure. On finit par convaincre les familles. Lors de son passage à Paris, Marguerite trouve une quatrième recrue du nom d'Anne Hiou.

Après toutes ces démarches, en juillet 1659, les cinq femmes font enfin route vers la Nouvelle-France. Le bateau transporte également dix-huit orphelines qui souhaitent s'établir dans la colonie. Durant la traversée, Marguerite s'occupe maternellement de ces filles. Elle les prépare comme elle peut à la vie qui les attend en Nouvelle-France.

Encore une fois, la traversée est pénible et plusieurs passagers tombent malades. Encore une fois, malgré qu'elle soit elle-même malade, Marguerite se fait infirmière. On rentre enfin à Québec au mois de septembre 1659, et à Ville-Marie quelques semaines plus tard.

— Voici notre logement, dit fièrement Marguerite aux nouvelles arrivantes. Nous habitons dans une étable... comme avant nous Notre-Seigneur...

Dans le grenier de l'étable-école, on couchait par terre, à même le plancher. Quelques-unes des orphelines qui avaient fait le voyage avec Marguerite vont rester avec elle et ses compagnes jusqu'à leur mariage.

Marguerite et ses filles demeurent ensemble, besognent et prient ensemble. Officiellement, ce ne sont pas des religieuses. Mais dans ce pays tout neuf, une nouvelle forme de vie communautaire s'élabore. Marguerite et ses compagnes s'habillent comme les femmes de colons; comme elles, elles travaillent dur et ne ménagent pas leurs peines. Au lieu de se cloîtrer dans un couvent, elles vivent au milieu des gens, partagent les mêmes soucis et les mêmes dangers.

Bientôt, les gens leur donnent le nom de "soeurs". Avant même la reconnaissance officielle des autorités, leur maison est désignée sous le nom de "maison de la Congrégation".

Les nouvelles installations

Au cours des années qui suivent, le petit groupe de femmes entourant Marguerite prend peu à peu sa place dans la colonie. Anne Hiou, Edmée Chatel et Marie Raisin se chargent de l'école. Marguerite dirige, enseigne, organise. Catherine Crolo se réserve les tâches domestiques.

Malgré les difficultés, l'école de Soeur Bourgeoys reçoit de plus en plus d'élèves. Dès 1660, la population de Ville-Marie atteint trois-cent-cinquante habitants, et les enfants sont de plus en plus nombreux. Il faut bien se rendre à l'évidence: l'étable-école ne suffit plus aux besoins. En 1662, la communauté acquiert un terrain appartenant à M. Charly Saint-Ange, terrain sur lequel se trouvent une grange et une étable: ces nouvelles bâtisses permettent de décongestionner la première école.

Le territoire de Ville-Marie continue de s'étendre. En 1662, M. de Maisonneuve concède à la Congrégation plusieurs arpents de terre cultivable dans un secteur situé à l'ouest de la bourgade et qu'on appelle la contrée Saint-Gabriel. Dès 1666, Marguerite fera cultiver ces terres pour subvenir aux besoins de ses filles.

Cependant, les Iroquois ne laissent guère de répit à la bourgade, M. de Maisonneuve donne des consignes sévères:

— Chacun tiendra ses armes en état et marchera ordinairement armé... Les travailleurs se joindront à plusieurs de compagnie... Chacun regagnera sa demeure tous les soirs lorsque la cloche du fort sonnera la retraite...

Pour faire cesser les attaques des bandes iroquoises, le roi Louis XIV envoie le régiment de Carignan en 1665. Les soldats bien entraînés réussiront à repousser les indigènes qui refusent de céder leur territoire. Plusieurs de ces soldats, fascinés par les défis de ce pays neuf, décident de s'y installer.

C'est à cette époque qu'un important contingent de "filles du roy" débarque à Ville-Marie. Ce sont des orphelines ou des filles de familles pauvres envoyées en Nouvelle-France pour épouser les nombreux célibataires, émigrés et soldats installés comme colons. Le roi avait payé le passage de ces filles et les avait dotées de quelques effets personnels, d'où leur nom de "filles du roy".

Marguerite en accueille dix-sept à Ville-Marie. Ces filles ont entre douze et vingt-cinq ans; les plus jeunes ont bien besoin d'une mère. Elle les loge dans une des maisons de la Congrégation et entreprend de faire leur éducation en attendant leur mariage.

La vie de femme de colon n'est pas facile, surtout les premiers temps, car les ménages entreprennent leur vie commune avec presque rien. Marguerite, qui a depuis longtemps appris à se contenter de peu, enseigne à ces filles l'ingéniosité et le courage nécessaire pour se faire une place en ce pays tout neuf.

En 1669, lors d'une visite à Montréal, Mgr de Laval accorde verbalement, à Marguerite et à ses compagnes, le mandat d'instruire les filles de la colonie. Le petit groupe a maintenant l'approbation de l'Église; il fallait encore obtenir la reconnaissance de l'État, c'est-à-dire du roi.

La voyagère

Quand on connaît les difficultés et l'inconfort des voyages en bateau au temps de Marguerite, on s'étonne de la voir entreprendre encore une fois la traversée vers la France en 1670. Mais il s'agit de l'avenir de sa chère Congrégation: elle n'hésite donc pas. Les tâches se multiplient; l'année d'avant, on a commencé la construction d'une nouvelle maison pour loger la communauté. Il faut du renfort. Il faut aussi établir officiellement l'oeuvre commencée dans un élan de dévouement.

Rendue à Paris, Marguerite entreprend donc diverses démarches: démarches auprès du roi pour obtenir des lettres patentes et recherche de candidates pour venir prêter main forte à la petite Congrégation de Ville-Marie.

En mai 1671, elle obtient la charte qui donne une existence officielle à sa Congrégation. Le document commence ainsi:

"Louis, par la grâce de Dieu, roi de France et de Navarre, à tous présents et à venir, salut. Notre bien-aimée Marguerite Bourgeoys, originaire de notre ville de Troyes en Champagne, nous a très humblement fait exposer qu'il a plu à Dieu de lui inspirer... la bonne instruction des personnes de son sexe... en Nouvelle-France où elle s'est retirée dès l'année 1653..."

Suit une énumération des terrains et immeubles concédés à la Conrégation en l'île de Montréal, et la permission officielle de continuer l'oeuvre entreprise. Par ces lettres patentes, le roi Louis XIV approuve l'Institut des Filles séculières de la Congrégation de Notre-Dame.

Munie de ce document donnant une reconnaissance civile à son établissement, Marguerite rassemble les six candidates qu'elle a recrutées; il s'agit de Elisabeth de la Bertache, Geneviève Durosoy, Madeleine Constantin, Claude Durand, Perrette Laurent-de-Beaume et Marguerite Sommillard. Elle ramène aussi quelques autres filles qui veulent épouser des colons.

C'est avec de la joie au coeur que Marguerite entreprend le voyage de retour. Elle apporte dans ses bagages une statue de la Vierge Marie, don du baron de Fancamp. La chapelle de Notre-Dame-de-Bon-Secours, commencée en 1657, n'est toujours pas terminée. Marguerite prend la résolution de mener à bien sa construction et d'y installer à la place d'honneur la statue qu'elle vient d'acquérir.

Le Sulpicien Dollier de Casson, qui était du voyage, est fort impressionné par ce que vient d'accomplir Marguerite. Il écrit:

— Ce que j'admire, c'est que cette bonne Soeur vienne de faire, comme elle l'a fait un voyage de deux ans dans lequel, sans amis, sans argent, elle a subsisté, obtenu ses expéditions de la cour, et est revenue avec douze ou treize filles dont il y en avait bien peu qui avaient de quoi payer leur passage. Tout cela est admirable et fait voir la main de Dieu...

La chapelle et les écoles

Dès son retour, Marguerite rallie toutes les énergies de Ville-Marie pour la construction de la chapelle de Bon-Secours. Le moment est propice: les Iroquois sont relativement calmes et la colonie prospère de jour en jour.

En juin 1675, on remplace par une pierre plus grande la pierre angulaire installée en 1657, car la chapelle projetée sera de dimension plus importante. Les travaux vont bon train.

Pendant ce temps, les nouvelles recrues s'intègrent peu à peu à la vie de la petite communauté. En août 1676, Mgr de Laval, dans un document officiel, autorise les institutrices de Ville-Marie à vivre en communauté sous le nom de "Filles séculières de la Congrégation"; ce même document les établit dans les "fonctions de maîtresses d'école tant dans l'île de Montréal qu'aux autres lieux".

C'est le moment de réaliser un de mes rêves, se dit Marguerite: l'éducation des filles indigènes.

Un groupe de Hurons et d'Algonquins avait établi un village dans la montagne, non loin de Ville-Marie.

Marguerite décide d'y fonder une école. Cet établissement s'appellera École de la Montagne. La fondatrice s'y rend pour installer l'école en compagnie de deux compagnes, Soeur Bony et Soeur Maynard. C'est un bien modeste début: vivant parmi les Amérindiens, elles s'installeront d'abord comme eux dans des cabanes en écorce de bouleau. Ce n'est qu'un peu plus tard qu'un logis plus confortable pourra être construit; il en reste encore deux tours dans le jardin du Grand Séminaire de Montréal. Les Soeurs enseigneront aux filles indigènes le catéchisme, les travaux domestiques et des rudiments de lecture et d'écriture.

Ville-Marie grandit. Plusieurs familles de colons ont quitté la bourgade pour aller défricher les terres des environs. La Pointe-aux-Trembles ou Côte Saint-Jean et la côte Saint-Sulpice, appelée plus tard Lachine, sont deux régions qui se développent rapidement. Marguerite voit bientôt la possibilité d'y établir des écoles. Les filles de la Congrégation se dispersent pour poursuivre l'oeuvre si bien commencée par Marguerite.

Vingt ans après son arrivée à Ville-Marie, Marguerite déjà a établi cinq écoles dans Ville-Marie et les environs. Des jeunes filles nées au Canada et éduquées dans ces écoles veulent entrer à leur tour à la Congrégation, fascinées par la vie exemplaire de leurs éducatrices. Entre les années 1678 et 1680, huit jeunes canadiennes se joignent au groupe initial.

Cette expansion de son oeuvre apporte à Marguerite bien des joies, mais aussi bien des soucis. Il devenait urgent d'établir une règle précise pour normaliser la conduite des membres de la communauté dans le présent et le futur.

En 1679, Marguerite entreprend donc un troisième voyage en France, dans le but de soumettre sa règle aux autorités ecclésiastiques. Ce voyage sera décevant. La fondatrice reviendra à Montréal sans avoir obtenu ce qu'elle désirait. En 1683, Marguerite, âgée de soixante-trois ans, fait savoir son désir de démissionner comme supérieure de la Congrégation.

Les dernières années

   Malheureusement, un incident tragique vient mettre fin à l'espoir de Marguerite d'être soulagée de sa tâche. Dans la nuit du 6 au 7 décembre 1683, un incendie se déclare à la maison-mère. En quelques minutes, les flammes ont enveloppé l'édifice. Les Soeurs se sauvent de justesse: pas toutes cependant; deux d'entre elles, Soeur Geneviève Durosoy et Soeur Marguerite Sommillard périssent dans l'incendie. C'étaient précisément ces deux femmes à qui Marguerite avait songé comme remplaçantes possibles... La pauvre Supérieure ne pourra pas encore déposer le fardeau. Au lendemain de la catastrophe, encore sous le coup du chagrin et de l'émotion, elle annonce à ses compagnes:
   — Mes soeurs, il ne nous reste en caisse que quarante sols...

Devant la situation désespérée de la communauté, les autorités suggèrent la fusion avec les Ursulines de Québec. Cette solution pouvait sembler logique. Cependant, Marguerite la refuse.

— Nous voulons imiter la vie voyagère de Marie, rappelle-t-elle. Nous ne pourrions travailler de la même façon à l'intérieur d'une communauté cloîtrée.

Marguerite a conscience d'inaugurer une nouvelle forme d'action, mieux adaptée à l'époque où elle vit. Malgré tout, elle défendra cette vision des choses. La maison-mère sera rebâtie et les Soeurs de la Congrégation continueront leur travail au sein de la population de Ville-Marie. Elles seront même appelées à l'extérieur de l'île de Montréal, à Batiscan, à Champlain, à l'île d'Orléans et à Québec, pour y ouvrir d'autres écoles. Malgré son désir de retraite, Marguerite dirigera encore pendant dix ans les destinées de la communauté.

Enfin, en 1693, Marguerite peut réaliser son désir de paix et de repos. Elle démissionne comme Supérieure, elle reprend son rang parmi les Soeurs. Elle entreprend une vie assez solitaire.

— Je ne sors presque plus de l'infirmerie; j'y couche, j'y prends mes repas, à cause de mon grand âge... écrira-t-elle.

En 1698, elle a la joie d'apprendre que la règle est enfin approuvée par Mgr de Saint-Vallier. Les vingt-quatre soeurs formant alors la Congrégation à Montréal sont officiellement admises à prononcer les voeux de pauvreté, de chasteté et d'obéissance, et à prendre l'engagement de se consacrer à l'éducation des filles. Marguerite Bourgeoys choisit le nom de Marguerite du Saint-Sacrement.

En décembre 1699, l'une des religieuses, Catherine Charly, tombe gravement malade. Marguerite fait cette prière:

— Mon Dieu! prenez-moi, qui suis inutile, plutôt que cette soeur qui peut encore servir!

La soeur Charly guérit, mais Marguerite doit s'aliter avec une forte fièvre. Elle meurt le 12 janvier 1700, à l'âge de quatre-vingts ans.

Sainte Marguerite Bourgeoys

Marguerite Bourgeoys a été une pionnière, une femme novatrice. Elle a entrepris seule, de longs et périlleux voyages, à une époque où les femmes se déplaçaient rarement sans escorte. Elle s'est rendue dans un pays dur et hostile, malgré les réticences de ses amis et de sa famille. Elle a établi une communauté active et non cloîtrée, en un temps où toutes les traditions voulaient que les religieuses soient enfermées dans des couvents. Soutenue par une vie spirituelle intense, son action d'éducatrice ne s'est pas limitée à la jeunesse: elle a également formé des générations de mères de familles. Elle a eu une part active dans la petite société de Ville-Marie, secondant à l'occasion M. de Maisonneuve, prenant des initiatives, comme la construction de la chapelle de Bonsecours.

À sa mort, la communauté comprend quarante soeurs. Elle continuera de s'élargir et d'établir des écoles un peu partout à travers le monde.

Le 12 novembre 1950, Marguerite était déclarée Bienheureuse. Le 31 octobre 1982, c'est la reconnaissance suprême: celle qu'on appelait la Mère de la colonie est désormais désignée sous le nom de Sainte Marguerite Bourgeoys.

Table des matières
Marguerite Bourgeoys